AF399779

APRENDE A REALIZAR UN BUEN ESTUDIO DE MERCADO

Los secretos para que tu proyecto empresarial tenga éxito

Por Julien Duvivier
En colaboración con Soraya Belghazi
Traducido por Laura Bernal Martín

Coaching 50MINUTOS.es

REALIZAR UN ESTUDIO DE MERCADO

- **¿Problemática?** ¿Cómo realizar un estudio de mercado que me permita tener las ideas claras antes de lanzar mi producto/servicio?
- **¿Utilidad?** Un estudio de mercado bien llevado a cabo le aporta a cualquiera que quiera montar su negocio bases y un método.
- **¿Contexto profesional?** *Marketing, coaching,* desarrollo de redes, creación de empresa, gestión de proyectos.
- **¿Preguntas frecuentes?**
  - ¿El estudio de mercado es realmente indispensable?
  - ¿Cómo darle forma a mi estudio de mercado?
  - ¿En qué se diferencia el estudio de mercado del plan de negocios?
  - ¿Cómo realizo un estudio si vendo mis productos/servicios solo por internet?
  - ¿Cuánto cuesta un estudio de mercado?
  - ¿Cómo sé si mi estudio es fiable?
  - ¿Qué método debo adoptar si mi proyecto es

El estudio de mercado es una noción que puede parecer aterradora. En su proyecto de creación de empresa, muchos se desaniman incluso antes de haber investigado para saber qué obtendrán a cambio.

Sin embargo, se trata de una etapa crucial que, lejos de confortarte en la idea de que tu proyecto es viable, debe permitirte comparar tu visión y tu intuición con la realidad del mundo exterior. Y es precisamente este mundo exterior el que conviene llamar tu mercado. Como todo territorio, tiene su funcionamiento y sus propias reglas. Reúnete con la competencia y con tu clientela, interésate especialmente por la normativa en vigor y, al cotejar todos estos parámetros, podrás determinar tu posición, tu volumen de negocios estimado, tu política comercial, etc.

Toda esta jerga puede darte mucho miedo, pero en realidad solo tiene un objetivo: permitirte lanzarte siendo plenamente consciente de lo que te espera. El estudio de mercado te evitará perder un valioso tiempo si descubres que tu idea no responde a las necesidades del terreno. También te ayudará a conseguir que tu proyecto sea viable a largo plazo, anticipando lo mejor posible la evolución de tu mercado.

Ya seas experto en el sector de actividad en el que has puesto la mira o un completo novato, esta etapa es indispensable, aunque solo sea para definir un volumen de negocios estimado, pulir tu técnica de venta o incluso montar un plan de negocios convincente para tus socios financieros. En efecto, aunque no tenga valor de predicción definitiva y fiable al 100 %, el estudio de mercado no deja de ser la piedra angular del futuro de tu negocio.

El objetivo de este libro consiste en llevarte por el buen camino y conseguir que tu estudio de mercado, lejos de ser un trabajo pesado, esté adaptado a tus necesidades y se convierta en un verdadero trampolín para tu proyecto.

REFLEXIONES PREVIAS

UN MERCADO: ¿Y QUÉ MÁS?

Un mercado es un lugar (físico o virtual) en el que individuos llamados clientes o consumidores conocen a otros individuos, denominados proveedores, que pueden responder a las necesidades de los primeros e incluso suscitarlas. Así pues, esta descripción se aplica tanto al mercado de frutas y verduras de la esquina como al mercado de empleo (siendo entonces los proveedores las empresas, y los consumidores los buscadores de empleo).

¿SABÍAS QUE...?

Según un sondeo llevado a cabo por la APCE (la Agencia Para la Creación de Empresas) en 2005, más del 70 % de los fracasos de nuevas empresas se deben a problemas comerciales, es decir, a un cálculo erróneo del volumen de negocios y de la estrategia comercial a establecer. Estos dos parámetros son resultado directo del estudio de mercado.

¿POR QUÉ UN ESTUDIO DE MERCADO?

- El primer objetivo de tu estudio es la rentabilidad. Tienes que vender la cantidad suficiente de productos o de servicios para que tus ingresos sean superiores a tus gastos. Para ello, has de conocer bien las grandes tendencias de tu mercado, tus fortalezas y tus debilidades, etc. Tienes que haber establecido de antemano una estrategia comercial que se apoye en elementos tangibles y, especialmente, has de saber quiénes son tus clientes y tus competidores potenciales y a qué precio tienes que vender tus productos.
- El segundo objetivo es el crecimiento y la sostenibilidad. Tu oferta tiene una duración limitada en el tiempo y experimentará:
  - una fase de lanzamiento y de desarrollo (que implicarán inversiones y, por tanto, precisarán de una necesidad de fondo de maniobra que es conveniente anticipar);
  - una fase de madurez (durante la que ten-

drás que adaptar tus precios y reajustar tus productos o servicios para fidelizar a tus clientes);

○ y una fase de declive (que no quiere decir abandonar tu proyecto, sino que tendrá que encontrar su ritmo o renovarse para mantenerse en el tiempo).

El estudio de mercado, sin intentar anticipar cuándo y cómo exactamente se desarrollarán todas estas etapas, tiene como objetivo colocar de antemano los referentes y tomar todas las precauciones que sean necesarias para que ninguna sorpresa desagradable haga que tu proyecto se quede obsoleto.

¿Sabías que...?

La necesidad de un fondo de maniobra (FM) es la suma de la que debes disponer (el presupuesto) para cubrir tus inversiones. Esta preocupación, clave en la vida de una empresa, lo es aún más en la fase de lanzamiento, en la que hay que afrontar los gastos más elevados (locales, proveedores, *marketing* y comunicación) en un momento en que aún no se han recaudado las ventas de los productos o servicios.

¿CUÁNDO INICIAR UN ESTUDIO DE MERCADO?

En realidad no existe ninguna regla establecida. Idealmente, las investigaciones y los procedimientos deben producirse algunos meses antes del lanzamiento y antes de que se establezca la estrategia, que, en general, se basará en los resultados del estudio. Pero esto también depende de la complejidad del proyecto, de tu disponibilidad, de las oportunidades, etc. Estos factores pueden animarte especialmente a llevar a cabo investigaciones complementarias o a pasar por alto ciertas comparaciones que te parezcan superfluas.

Una idea inicial
Un estudio de mercado:
- preliminar
- de campo
Entorno competitivo (oferta existente)
Necesidades de clientes potenciales (demanda)
Una estrategia:
mix marketing
distribución y comunicación
medios materiales, humanos, financieros
análisis de las limitaciones
rentabilidad / plan de negocios
Abandono del proyecto
Creación de la empresa
© 50MINUTOS.es

EL ABECÉ DEL ESTUDIO DE MERCADO: SIMPLICIDAD Y REALISMO

El plan de acción que te proponemos te permitirá llevar a cabo tu estudio con la simplicidad y el realismo con el que deben realizarse este tipo de ejercicios.

El estudio de mercado se basa generalmente en dos pilares:

1. el estudio preliminar, a nivel «macro», consiste en recabar de antemano datos acerca del mercado meta. Se divide en dos subpartes:

   a. definición del público meta,

   b. identificación de los competidores y de la normativa en vigor;

2. el estudio de campo, a nivel «micro», consiste

en recabar datos «de la fuente» para cotejar los resultados del estudio preliminar con la realidad del mercado.

El estudio preliminar, en primer lugar, te sirve para definir tu público meta. Para ello, son precisas varias etapas.

Segmentos y perfiles de la clientela

Lo primero que tendrás que hacer será identificar los segmentos y los perfiles de tu clientela.

- Segmentar tu clientela es definir un perfil tipo de cliente para cada oferta que quieres proponer, por ejemplo, en función de la edad, del sexo, del lugar de residencia, del poder adquisitivo, del nivel de educación, etc. Lo mismo ocurre con las empresas (si te quieres dirigir a este tipo de cliente). El número de asalariados, el sector de actividad o el territorio son criterios determinantes para saber a quién se destina principalmente tu oferta. Podrás adaptarla en función de los datos obtenidos sobre el o los segmentos que habrás identificado. La segmentación es el punto de partida de tu reflexión: está llamada a evolucionar y con mucha probabilidad será objeto de reajustes a lo largo de tu investigación, incluso de cambios de opinión en el momento del estudio de campo.

- En ciertos mercados, definir perfiles de clientes pasa por identificar al prescriptor y al comprador (cuando estos son dos personas distintas). El mercado del juguete es el ejemplo perfecto: el niño es el utilizador-prescriptor, el que pone en marcha el acto de compra, y el padre es el comprador, el que ostenta el poder adquisitivo. Hay que saber cómo dirigirse al niño al tiempo que se tiene en cuenta que la persona que tomará la decisión final es el padre.

En esta etapa concreta tienes que dejar que se exprese tu sensatez, tu intuición y tu experiencia: a menudo conoces muy bien tus segmentos sin ser consciente de ello. El objetivo del proceso de segmentación consiste en poner este conocimiento al servicio de una reflexión más profunda.

Mario quiere montar una tienda delicatesen que ofrezca exclusivamente productos italianos fruto de la agricultura biológica en el XX distrito de París, donde vive este joven treintañero que ocupa un puesto directivo en una empresa emergente. Como conoce bien este barrio, que está en plena transformación, es consciente de que él mismo forma parte de ese público objetivo. El primer segmento al que apunta, por lo tanto, es al que él pertenece: una población más bien joven, con ingresos que le permiten vivir con comodidad, que vive cerca y que se preocupa por la calidad de lo que consume. Otro de los objetivos meta que ha identificado es al segmento al que pertenece su jefe (en la cincuentena, con ingresos muy altos, que vive en un barrio cercano y es un apasionado por el buen vino) y su pareja (treinta años, periodista para una página web de moda, vegetariana y enamorada de Italia desde su primer viaje a la Toscana hace tres años).

El objetivo de este ejemplo, un poco cliché, es mostrarte que, a menudo, tus segmentos los encarnan personas cercanas a ti, y que estas pueden incluso ser el origen de tu proyecto. En nuestro caso, observamos que Mario ha intuido que, al responder a una expectativa tanto suya como de su jefe, responderá también a la de un importante segmento de la población del barrio. En este punto, es esencial sentirse libre para explorar todas las pistas y hablar de ello con personas de confianza que podrán desafiarte y hacer que tu reflexión madure. Solo después, durante tu estudio de campo, comprobarás la veracidad de tus previsiones.

Motivaciones, frenos y modalidades de compra

En un segundo tiempo, cuando tus perfiles y segmentos estén definidos, tendrás que estudiar las motivaciones, los frenos y las modalidades de compra de tus clientes.

- Las motivaciones de compra pueden ser múltiples:
  - el cliente hedonista busca el placer con tu producto/servicio. El acto de compra está

puramente ligado a la simpatía que tendrá el cliente por tu oferta y no responderá a una necesidad racional. La compra de un producto nuevo puede, por ejemplo, avivar el ego del comprador al darle la impresión de estar a la vanguardia de la innovación.

◦ el cliente racional se sitúa en una lógica de ventajas/inconvenientes. Tu oferta debe demostrar su eficacia, el cliente meta debe sentirse seguro, estar convencido de que respondes a una necesidad y, que sin ese acto de compra, se perdería un buen negocio.

◦ para el cliente movido por motivaciones éticas o comunitarias, lo que inicia el acto de compra es el sentimiento de deber y/o de pertenencia a una comunidad. En este caso nos encontramos en la frontera entre el hedonista y el racional. Esta motivación puede concernir tanto a los clientes de productos de comercio justo (que comparten esos valores de solidaridad) como a los amantes de los Porsche (más allá del coche deportivo, esta marca propone un estilo y una ética de vida en la que algunos pueden reconocerse).

• Los frenos son todos los obstáculos al acto de compra:

- si pones la mira en las motivaciones hedonistas, lo que constituirá el riesgo principal es la ausencia de interés por parte del cliente por todo aquello que tenga que ver con la posesión, con los placeres que juzgará «fútiles». Al igual que la motivación, el freno a la compra es difícil de anticipar. Todo dependerá de tu capacidad para hacer que una oferta sea atractiva (*marketing*, comunicación, fuerza de venta) y de la precisión de tu segmentación.
  - para las motivaciones racionales, el freno se sitúa simplemente en el hecho de que tu oferta se perciba como poco ventajosa según un cursor fijado por tu segmento de clientela. En este caso, habrá que darle una importancia especial al precio psicológico y a la presentación clara y simple de las ventajas de tu oferta.
  - en lo que se refiere a las motivaciones éticas y comunitarias, el freno puede situarse en un mal posicionamiento o simplemente en el hecho de que el cliente no está de acuerdo con tu oferta en la medida en que no coincide con sus valores.
- Las modalidades de compra: ¿dónde y cómo

compran los clientes?
  ◦ ¿Una vez a la semana, al mes, al año?
  ◦ ¿Por internet? ¿Van a la tienda?
  ◦ Para las empresas: ¿sin intermediarios? ¿Por licitación?
  ◦ …

Debes dominar estos parámetros siempre que te sea posible —estudiando las estadísticas que te aporten información, sobre todo, acerca de los hábitos de consumo, el censo de población y los datos locales disponibles—. Si estás en España, es indispensable consultar la página del Instituto Nacional de Estadística (INE).

Tamaño del público meta

La tercera etapa para definir tu público objetivo consiste en determinar el tamaño de tu público meta. ¿Con cuántos clientes potenciales cuentas? El motivo principal por el que esta etapa es tan importante reside en el hecho de que va a determinar directamente tu volumen de negocios previsto. En efecto:

> **Número de clientes potenciales**
> x **Precio psicológico**
> = **Volumen de negocios estimado**

Llegados a este punto, es importante que hayas descrito bien tu segmentación para saber exactamente a qué tipo de clientela te diriges y sobre qué territorio vas a poder desplegarte.

Ejemplo

Después de haberse informado en la página web del Instituto Nacional de Estadística de Francia, Mario sabe que en el XX distrito de París viven unas 196 000 personas. Tras un cotejo, ha podido determinar —sobre todo gracias a su conocimiento de las costumbres de los residentes en el barrio y en los barrios vecinos— su zona de influencia (zona geográfica de la que proceden la mayoría de los clientes de un comercio): se ha dado cuenta de que en realidad solo concierne a una parte limitada del distrito, pero que, sin embargo, se extiende sobre una parte de los distritos X y XI. Llega a una población total de unos 95 000 habitantes. Al contactar con los ayuntamientos en cuestión, obtiene datos más precisos sobre la población de la zona y, al centrarse principalmente en los criterios de segmentación que ha fijado, sabe que puede llegar a unos 20 000 clientes.

Este primer cálculo no es representativo del número de clientes a los que vas a llegar. Tendrás que afinar tu estudio aún más:

- teniendo en cuenta las cuotas de mercado de la competencia;
- comprobando tus cálculos mediante un estudio de campo (encuesta, sondeo, etc.);
- considerando tus capacidades en términos de tiempo, medios de producción, número de trabajadores disponibles, etc.

¿SABÍAS QUE...?

La zona de influencia se determina de forma distinta dependiendo del tipo de negocio. La de una tienda de comestibles, por ejemplo, se define por un radio de 300 metros alrededor de su ubicación. Hablamos de zona primaria cuando se necesitan unos 3 minutos a pie o en coche para llegar al lugar en cuestión y de zona secundaria para un trayecto de 10 minutos.

El precio psicológico

Ahora es el momento de hacerse esa pregunta crucial: ¿a qué precio van a comprar mis clientes? El precio que fijes debe encontrarse entre un escalón por debajo del cual tu cliente considerará que tu producto no es lo suficientemente caro y de mala calidad, y un umbral por encima del cual el cliente pensará que tu producto es demasiado caro.

Este precio puede variar para un mismo producto en función del contexto de compra. Por ejemplo, en un área de servicio de una autopista, el cliente aceptará pagar precios de productos básicos a un precio ligeramente superior al que consideraría aceptable en una gran superficie.

Para fijar este precio, puedes apoyarte sobre todo en:

- tu experiencia y tu conocimiento del mercado;
- el *benchmarking* realizado en tu estudio

preliminar.

EL ESTUDIO PRELIMINAR — PARTE 2

En un segundo tiempo, el estudio preliminar te permitirá identificar a tu competencia y la normativa en vigor.

La competencia

Interesarte por tus competidores no solo te permite calcular la cuota de mercado que ocupan, sino también ver qué funciona para ellos y, a la inversa, qué parece que no va tan bien. Gracias a estas observaciones estarás capacitado para diferenciar tu oferta, definiendo tus ventajas competitivas.

Al contrario de lo que podríamos pensar, la presencia de la competencia en un mercado es positiva, ya que atestigua la existencia real de una demanda y te permite entrar en observación. Los datos recabados sobre las fortalezas y las debilidades de tus competidores son una valiosa baza para tu posicionamiento. Sin embargo, procura que el mercado no esté saturado: sé siempre consciente de que, si tu competencia es demasiado numerosa y/o controla casi todo el mercado, te costará imponerte ante un público meta que ya está acostumbrado a otra cosa.

Por el contrario, la ausencia de competencia debe invitarte a hacerte preguntas sobre la pertinencia de tu idea: o bien tu proyecto es innovador (y en ese caso convendría estudiar en profundidad las oportunidades y los riesgos de este mercado) o bien no lo es y sería sensato que, antes de lanzarte, llevaras a cabo tu propia investigación para determinar los motivos de esta ausencia de oferta en el mercado.

Generalmente distinguimos:

- la competencia directa, que propone productos o servicios similares a los tuyos y que es claramente identificable. Si ya has reflexionado y has hecho investigaciones superficiales para delimitar tu proyecto, entonces ya conoces a los principales competidores directos;
- la competencia indirecta, que no propone exactamente lo mismo que tú, pero cuya presencia en el mercado hay que tener en cuenta, ya que aleja a tu público meta de lo que ofreces. Si tu proyecto es, por ejemplo, transformar un antiguo caserío en una casa de huéspedes, no solo tienes que comprobar las ofertas similares (tu competencia directa) en tu zona de influencia, sino tener también en cuenta hoteles, *campings*, particulares que alquilan su casa, etc.

La normativa

Puede que haya condiciones de instalación fijadas mediante normativa para ejercer ciertas profesiones, como una cualificación o un número mínimo de años de experiencia. También se te puede exigir que no tengas antecedentes delictivos, que cuentes con garantías financieras o con una licencia profesional, etc.

Puede que tu profesión esté sometida a otras normas. Ya sean reglas de higiene o de seguridad, normas técnicas o de autorización expedidas por las autoridades, debes estar al corriente de la normativa en vigor de tu mercado para anticipar su impacto en términos de tiempo y de dinero.

En cualquier caso, te aconsejamos que contactes con el organismo competente, como la cámara de comercio de tu zona de asentamiento, para informarte precisamente de estos aspectos antes de lanzarte.

EL ESTUDIO DE CAMPO

El estudio de campo completa el estudio documental y lo enfrenta a la realidad. Puede dividirse en tres grandes etapas que te permitirán entrar progresivamente en la realidad de tu mercado.

Pequeño plus

En esta etapa de tu estudio, tu comportamiento debe oscilar entre el de un investigador y el de un futuro jefe de empresa: debes estar al acecho del menor dato, ya que, más que nunca, se trata de mostrarte curioso, estratega y audaz.

La toma de contacto con expertos de la profesión

Se trata de acudir a ferias profesionales o de desplazarte hasta donde se encuentra tu competencia, tus proveedores y los comerciantes del barrio en el que asentarás tu negocio para recabar un máximo de datos, de prospectos y de experiencias que solo un estudio de campo puede ofrecerte: precio, diversidad de la oferta, diversidad de los actores, tipo de clientela, etc.

Si tu oferta es considerada «difusa», es decir, que no concierne especialmente a una población en un territorio dado, o que concierne a un territorio demasiado vasto como para ser estudiado globalmente, elige un terreno de estudio pertinente. Por ejemplo, si quieres lanzar una aplicación móvil que proponga un servicio de canguros sobre el conjunto del territorio español, céntrate en un número limitado de ciudades en las que sabes que la importancia de la demanda varía (según las estadísticas sobre la edad de la población que hayas podido recabar) para obtener una muestra representativa del conjunto de tu segmento.

Al tiempo que realizas este proceso, puedes contactar con:

- las redes de ayuda a la creación de empresas. En España, puedes apoyarte sobre todo en la Cámara de Comercio de España y en el Centro de Información y Red de Creación de Empresas (CIRE);
- personas que sabes que son expertas en tu ámbito de actividad y que podrían informarte sobre las tendencias del mercado, las trampas que habría que evitar y las oportunidades que aprovechar. Mantente vigilante en todos los aspectos ante estos contactos: los datos que ofrecerán pueden ser una mina de oro, pero procura no desvelar por completo los secretos de tu negocio.

El encuentro con tus clientes y con la competencia

Observa, interroga y, si es posible, comienza a tejer relaciones con tus posibles clientes. La idea no es transformarte en representante de comercio, sino más bien recabar datos esenciales y plantear preguntas pertinentes para tu negocio. Por ejemplo, puedes contar el número de clientes que pasan delante de tu futuro emplazamiento por hora, su edad, proponerles probar tu producto, preguntarles por sus hábitos de consumo, etc.

Comprueba que tus pares producto/mercado (segmentación) funcionan bien. Esta es la principal finalidad del estudio de campo. Tienes que evaluar tus estimaciones de volumen de negocios para comprobar si aguantan el ritmo y si efectivamente hay una clientela meta para tu oferta en ese territorio. Sé intransigente y procura responder sin ignorar estas dos preguntas:

- ¿La demanda es suficiente para que mi negocio prospere?
- ¿He delimitado bien mi clientela? ¿Mis cálculos de segmento están verificados?

Si la respuesta a una de estas dos preguntas es más bien negativa, no cometas el error de abandonar precipitadamente o, a la inversa, de huir hacia delante. El objetivo de tu estudio de campo es justamente permitirte volver a trabajar tus hipótesis iniciales.

Recaba información cualitativa y cuantitativa de tu competencia. Analiza el número, el tamaño y la localización de tu competencia directa e indirecta. Detalla para cada competidor la información útil que hayas podido obtener gracias a tu estudio previo, completada con la información recabada sobre el terreno. En especial, puedes listar los distintos productos o servicios que ofrecen, su presentación, la importancia y la frecuencia de sus ventas, la relación que mantienen los dirigentes con la clientela, el emplazamiento, el *marketing*, la comunicación establecida, etc.

Los estudios complementarios y los primeros procesos de prospección

El estudio de campo puede resultar relativamente simple y superficial, ya sea porque tienes experiencia y eres un experto en tu mercado, o porque este último es básico (productos simples, clientela homogénea, etc.). Sin embargo, muy a menudo, hay que ir más allá y realizar estudios complementarios que servirán para afinar tu análisis.

- **Los estudios cuantitativos** (generalmente reservados a los productos de consumo masivo) consisten en interrogar brevemente a un importante número de personas meta (de una centena a varios miles de personas) para calcular, gracias a las leyes de la estadística, una tendencia general. Estos cuestionarios, muy cortos, se le confían generalmente a agencias especializadas.
- **Los estudios cualitativos**, más largos y detallados, se centran en un número limitado de consumidores meta (varias decenas de personas). Permiten conocer en detalle las costumbres, las motivaciones y los frenos de estas personas. Estos cuestionarios emplean preguntas abiertas que tienen como objetivo obtener un máximo de datos del cliente. Se recomienda encarecidamente que le pidas ayuda a un especialista para determinar claramente las preguntas pertinentes, el orden en el que deberán formularse, y para analizar de forma pertinente las respuestas obtenidas.

Estos estudios desembocan de manera natural en una fase de prueba y de prospección. Las personas con las que habrás tenido contacto en tu primer acercamiento y aquellas a las que habrás hecho preguntas si has completado este proceso con un estudio cualitativo son potencialmente tus primeros clientes. Aunque aún no hayas creado tu sociedad, ya puedes abrir un fichero de clientela y recibir pedidos anticipados. Esta etapa es muy importante: te permite aprender a conocer a tus clientes y jugar con tu red para ampliarla progresivamente. También te enseña a conocerte como emprendedor. ¿En qué aspectos soy operativo? ¿En cuáles tengo que mejorar?

LAS CONCLUSIONES DE TU ESTUDIO

Ahora tienes a tu disposición todos estos datos recabados, verificados y cotejados, que has podido confrontar sobre el terreno a la realidad de tu mercado, especialmente conociendo a tus competidores y a tus futuros clientes. Además, has adquirido reflejos que ya nunca te abandonarán, contactos que te serán valiosos en el futuro y puede que incluso ya hayas recibido peticiones que te permitirán arrancar tu actividad con una clientela activa.

Ahora, lo que importa es finalizar tu estudio de mercado.

Tu estrategia comercial

De lo que se trata en esta etapa es de determinar tus ventajas competitivas, lo que tienes para ofrecer que supera a tu competencia. ¿Cuáles son tus fortalezas? ¿Y tus debilidades?

- **Define tus parejas producto/mercado: el posicionamiento.**
  Conoces personalmente a tu público meta. Has comprobado tus hipótesis y sabes qué gama de productos va a llegar a tal cliente al que te diriges especialmente, qué otra gama se dirige más bien a una clientela más difusa e imprevisible, etc. Por tanto, puedes definir tu posicionamiento. Esta noción, muy relacionada con la de la ventaja competitiva, expresa el lugar que un producto o un servicio ocupa en función de la competencia, de los consumidores y, más globalmente, de todo el entorno del mercado. Posicionar un producto o un servicio es hacerlo único y claramente identificable, ya sea por su precio atractivo, por el hecho de que es innovador (totalmente nuevo, más cualitativo, con funcionalidades suplementarias, etc.), ya sea por los medios puestos en marcha para valorizarlo (estrategia

de *marketing* y comunicación).

- **Fija tus precios**. El precio de venta debe tener en cuenta varios parámetros, más o menos complejos según la actividad. Sea lo que sea, debes tener en cuenta:
  - el precio de coste. Conviene fijar un precio justo, es decir, que sea lo suficientemente atractivo como para permitir que te posiciones en el mercado, pero al mismo tiempo lo suficientemente alto como para cubrir todos tus gastos y evitar entrar en una guerra de precios con la competencia;
  - el posicionamiento de la competencia. ¿Cómo reacciona la competencia a las fluctuaciones del mercado? ¿Cómo pueden influir en el mercado las relaciones con los proveedores? ¿Cuáles son las limitaciones de mi profesión y qué decisiones toma mi competencia para evitarlas?
  - el precio psicológico. Como vimos anteriormente, no hay que subir demasiado el precio, pero procura no ser de los que cometen el error de fijar precios demasiado bajos. En algunos mundos, como el del lujo o la restauración, tu posicionamiento incluso puede tener como objetivo alimentar el orgullo de

tu clientela con precios especialmente altos;
◦ la elasticidad de la demanda. Se refiere a la propensión que tendrá tu clientela para comprar o no tu producto o servicio en función de las fluctuaciones de su poder adquisitivo. Un producto o un servicio considerado «elástico» es sensible a estas variaciones.

Tus estimaciones de volumen de negocios y objetivos de venta

Tienes que evaluar la viabilidad de tu proyecto a largo plazo al tiempo que procuras valorar adecuadamente tus necesidades en términos de presupuesto para lanzar tu actividad.

En primer lugar, haz tus previsiones de la cuenta de resultados. Tu objetivo es determinar cuáles serán tus resultados dentro de dos o tres años. Por tanto, esto comprende el primer año (año «n»), y elsegundo y tercer año («n+1» y «n+2»). Estas previsiones deben permitirte responder a tu principal preocupación: saber si tu empresa es viable a largo plazo. Generalmente, el primer año es deficitario (más gastos que ingresos) y no empezarás a obtener beneficios hasta el n+1 o, en el caso de proyectos que exigen grandes inversiones al principio, del n+2. Para realizar este cálculo estimado, tienes que reunir todos los elementos con los que cuentas en una tabla que, de realizarse para un proyecto simple, podría parecerse a esta:

Previsiones de la cuenta de resultados Año «N»		
+	**Ventas (volumen de negocios)**	
-	Proveedores	
-	Gastos generales	
-	Personal	
-	Intereses financieros	
-	Impuestos	
=	**Beneficio**	

Este cálculo servirá de base para tu plan de negocios.

También tienes que determinar tu necesidad de un fondo de maniobra (FM). El umbral de rentabilidad (o «punto muerto») se alcanza cuando la empresa logra un volumen de negocios que cubre los gastos fijos y variables. Más allá de ese umbral debes contar con reservas financieras lo suficientemente importantes como para poder enfrentarte a los gastos que se acumulen (a veces de improviso). Una falta de anticipación en este aspecto podría tener consecuencias dramáticas que te obligarían a cesar tu actividad a pesar de que, *a priori*, lo tenía todo para triunfar.

Es difícil evaluar la necesidad de FM con precisión, pero puedes fijar una horquilla basándote en los elementos que has recabado a lo largo de tu estudio. Todas esas previsiones, basadas en los resultados de tu estudio de mercado, son las que deben permitirte determinar si tiene sentido lanzarte ahora a la aventura. Evidentemente, a estos elementos puramente objetivos se le añaden otros que revisten de una importancia capital: tu motivación, la adhesión de los que te rodean a tu proyecto, la confianza que pones en las personas que te apoyan financieramente, tu relación con tus posibles asociados, etc.

LOS MEJORES CONSEJOS

- **Confía en tu buen juicio**. La metodología es importante, pero tu intuición y tu sentido de la deducción también lo son: se trata de aptitudes que te guían y que te ayudarán a discernir, con ayuda de este método, lo que va a funcionar de lo que debe revisarse, corregirse o dejarse a un lado.
- **Sé exhaustivo**. No descuides ningún detalle, ninguna pista, ninguna duda... Confía en las virtudes de un estudio de mercado realizado correctamente: deshazte de todo lo que no tiene cabida en tu proyecto y extrae lo mejor de tu idea inicial, su néctar. ¡No es el momento de que niegues la evidencia!
- **Sé preciso**. Da cifras, argumenta y contacta todo lo posible con tu mercado. El resultado de tu estudio debe ser concreto. Poco importa que después resulte ser inexacto: no puedes dominar todos los parámetros, pero sí que puedes realizar elecciones precisas y medidas que la experiencia confirmará o desmentirá.
- **Sé humilde y audaz**. No se supone que lo

sabes todo. Tus interlocutores se mostrarán cooperativos si reconoces —¡sin quejarte!— que necesitas su consejo y su ayuda. Tampoco dudes en contactar con personas que, *a priori*, te parezcan inaccesibles y cuya actitud podría sorprenderte positivamente.

- **Sé paciente… pero no demasiado**. No te dejes llevar por la prisa y por preguntas como: «¿Entonces qué, tu empresa avanza?». Sabrás con naturalidad cuándo tu proyecto está maduro. Pero cuidado, tampoco busques controlar todos los parámetros ni protegerte del mínimo problema: ¡montar tu propio negocio es sinónimo de arriesgarse!

- **Sal de tu cueva**. Interésate por tu mercado, mantente constantemente atento, haz preguntas a tus futuros clientes y, si es posible, aprende a conocer a la competencia. Si no trabajas en este sentido, hay muchas posibilidades de que tu proyecto aún no esté maduro… Cuestiónate a ti mismo y acepta la confrontación con tu mercado: es realmente uno de los grandes beneficios del estudio que, más allá de su utilidad material, debe permitirte encarnar tu proyecto y conseguir que se parezca a ti.

- **¿Eres asalariado? En Francia puedes pedir**

un contrato a tiempo parcial, un permiso para la creación de empresa o un permiso sabático. Por ejemplo, según algunas modalidades y bajo determinadas condiciones, la ley francesa concede, para crear una empresa, algunos derechos: de 6 a 11 meses de «permiso sabático» o un año prorrogable de «tiempo parcial para creación» o «vacaciones creación». La información actualizada sobre estos temas se encuentra disponible en la página web de la <u>Agence France Entrepreneur (AFE)</u>, la antigua APCE.

PREGUNTAS FRECUENTES

¿EL ESTUDIO DE MERCADO ES REALMENTE INDISPENSABLE?

Aunque desde el punto de vista legal no es obligatorio realizar un estudio para crear tu empresa, se trata de una etapa indispensable para conocer tu posicionamiento, tus gastos, tu canal de distribución, tu volumen de negocios potencial, tu zona de influencia, etc. Lo repetimos de nuevo: tener la impresión de conocer bien el mercado no te da luz verde para saltarte esta etapa que, a menudo, puede reservarte sorpresas. Sin embargo, existen dos excepciones que pueden justificar que un creador de empresa no haga un estudio de mercado:

- eres autoemprendedor (en Francia, se trata de un estatus que pueden obtener los emprendedores) y esta actividad solo es un añadido o un tipo de prueba tras cuyos resultados decidirás si quieres comprometerte con ella más seriamente o no. El objetivo del estatus del auto-emprendedor es justamente aligerar estos procedimientos, por lo que realizar un estudio de mercado en este punto no es indispensable;

- lanzas una actividad innovadora para la que la rapidez de establecimiento en el mercado es crucial. En casos muy específicos en los que tengas que ser absolutamente el primero en posicionarte en el mercado, se entiende que un estudio que puede requerir varios meses no es la prioridad.

¿CÓMO DARLE FORMA A MI ESTUDIO DE MERCADO?

La única respuesta que podemos ofrecerte remite a tu responsabilidad como jefe de empresa: ¡como te parezca! Eres perfectamente libre en lo que se refiere a la presentación de tu estudio, que antes que nada debe ser sintético y estructurado para que sea una herramienta de trabajo eficaz. Si ya has iniciado una reflexión sobre el manual de identidad corporativa de tu empresa, utiliza los elementos de los que dispones. Sin embargo, nadie te reprochará —más bien al contrario— una presentación simple y concisa.

¿EN QUÉ SE DIFERENCIA EL ESTUDIO DE MERCADO DEL PLAN DE NEGOCIOS?

A menudo se confunde estudio de mercado con plan de negocios. En realidad, son dos etapas de un mismo proceso. Tu estudio de mercado valida o invalida tu proyecto, permite visualizar todas las características y las oportunidades del mercado y te orienta. El plan de negocios es el documento sintético que resulta directamente de este negocio y reviste de un carácter más oficial. Permite construir el proyecto con todos sus detalles y sirve de argumento para convencer a tus socios financieros. Deberás cuidar la forma de este documento en concreto.

¿CÓMO REALIZO UN ESTUDIO SI VENDO MIS PRODUCTOS/SERVICIOS SOLO POR INTERNET?

Sigue el mismo método considerando que tienes que tener en cuenta —en un espacio que ya no es físico, sino virtual— tu zona de influencia, tus clientes, tu competencia y todos los demás parámetros de los que hemos hablado. Emplea al máximo los motores de búsqueda, las estadísticas y los estudios disponibles en tu segmento de mercado, las redes sociales y las páginas web de tu competencia para obtener la información que te falta. A menudo es mucho más simple obtener datos y dirigirte a una clientela a través de internet, donde de hecho las comunidades son más visibles que en el espacio público.

¿CUÁNTO CUESTA UN ESTUDIO DE MERCADO?

Si es posible, te aconsejamos que realices tú mismo el estudio. Es completamente normal que en el caso de algunas prestaciones complejas no tengas las competencias necesarias y que tengas que recurrir a un prestatario externo. Entre las opciones que se te ofrecen se encuentran:

- la empresa de consultoría, la más cara. Cuenta al menos con 8000 € para un estudio completo;
- las Junior Empresas (asociaciones de estudiantes de escuelas de comercio o de ingeniería) proponen prestaciones de menor nivel, pero a menudo realizadas bajo el mando de un tutor-profesor. Un estudio completo te costará

unos 3000 €;

- si tu modelo de negocio es relativamente corriente, también puedes comprar modelos y resultados de encuestas que se correspondan con tu proyecto. Este proceso es más específico y a menudo solo concierne a una parte de tu proyecto. Cuenta, según la importancia del estudio, con entre varias decenas de euros y 1500 €.

¿CÓMO SÉ SI MI ESTUDIO ES FIABLE?

Tu estudio es fiable si, una vez terminado, tienes una previsión de la cuenta de resultados positiva y si no has descuidado ningún detalle. También tienes que aceptar que las circunstancias puedan transformar tus previsiones ideales: un estudio de mercado fiable tiene en consideración estas vicisitudes. Debe hacer que confíes en tus posibilidades de éxito, independientemente de la coyuntura.

¿QUÉ MÉTODO DEBO ADOPTAR SI MI PROYECTO ES COMPLETAMENTE INNOVADOR?

En este caso, te aconsejamos contactar con una agencia especializada en tu sector. También puedes documentarte sobre el método Lean Startup, conceptualizado por Eric Ries (emprendedor estadounidense, nacido en 1978). Este método, concebido para poderse adaptar a todo proyecto innovador, fue adoptado al principio por numerosas empresas del Silicon Valley. Hoy en día, es muy empleado por los creadores de proyectos innovadores.

¡AHORA ES TU TURNO!

HAZ EL ANÁLISIS DAFO DE TU OFERTA

El análisis DAFO, traducción literal del acrónimo inglés SWOT (*Strengths, Weaknesses, Opportunities, Threats*), propone una metodología original para determinar:

- **tus Debilidades**. ¿Qué aspectos sabes que no juegan a tu favor, cuáles son las zonas grises que se podrían mejorar?
- **tus Amenazas**. ¿Qué circunstancias podrían jugar en tu contra?
- **tus Fortalezas**. En cambio, ¿en qué aspectos estás completamente seguro de que te podrás apoyar para desarrollar tu negocio?
- **tus Oportunidades**. ¿Qué circunstancias externas a tu oferta pueden jugar a tu favor? ¿Con qué contactos, eventos y tendencias puedes contar?

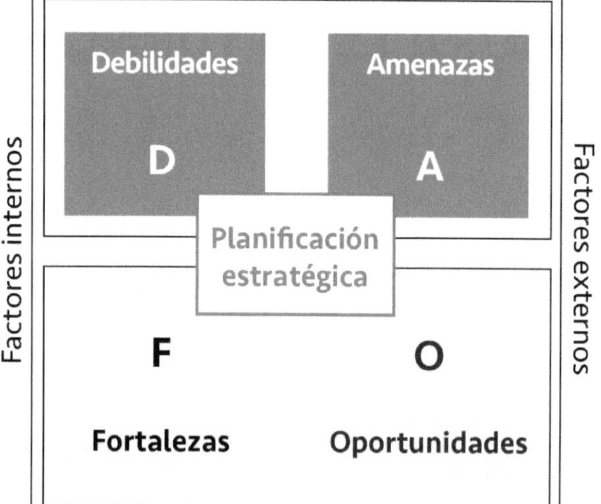

REALIZA TU PROPIO CUESTIONARIO

Las 5 reglas de oro para que un cuestionario tenga éxito:

1. **Fija un objetivo preciso sin buscar orientar las respuestas**. Si quieres, por ejemplo, saber a partir de qué precio tus clientes comprarían tu producto, es importante que no busques influir en su respuesta para acercarlos al precio que te permitiría ser rentable rápidamente según tus previsiones de volumen de negocios.

2. **Céntrate en un solo segmento**. Las empresas de consultoría y las Junior Empresas saben tratar con maestría datos cruzados y complejos. *A priori*, este no es tu caso. Tu «cuestionario casero» solo tendrá éxito si se dirige claramente a un tipo de clientela muy concreto.

3. **Sé simple y preciso en tus preguntas**. Evita las preguntas demasiado cerradas (con las que solo obtendrás como respuesta «sí» o «no»), pero tampoco te lances a hacer preguntas que podrían llevar a los encuestados a perderse en complicados análisis. Privilegia las preguntas de opción múltiple o las preguntas abiertas que requieran respuestas breves.

4. **Parte de lo general para ir hacia lo particular**. Tus preguntas deben marcar una progresión y llevar a la persona interrogada a darte respuestas cada vez más precisas y/o subjetivas.

5. **No saques conclusiones precipitadas**. Cuando hayas realizado tu encuesta, no dudes en dirigirte a un especialista para que valide o invalide tus conclusiones.

¡Tu opinión nos interesa!
¡Deja un comentario en la página web de tu librería en línea,
y comparte tus favoritos en las redes sociales!

PARA IR MÁS ALLÁ

FUENTES BIBLIOGRÁFICAS

- Bouvier, Xavier, dir. 2011. *Créer son entreprise*. París: Nathan - Les Échos.

- Chevauché, Cédric. 2014. *L'indispensable pour créer son entreprise*. Héricy: Éditions du Puits Fleuri.

- Froger, Valérie. 2011. *Le guide complet de la création d'entreprise*. París: L'entreprise.

- Gianellon, Jean-Luc y Éric Vernette. 2015. *Études de marché*. París: Vuibert.

- Guchet, Lucie. 2013. *Se mettre à son compte en 10 étapes*. Héricy: Éditions du Puits Fleuri.

- Ries, Éric. 2012. *Lean Startup. Adoptez l'innovation continue*. Montreuil: Pearson France.

- Speth, Christophe. 2016. *El análisis DAFO. Los secretos para fortalecer su negocio*. Traducido por Marina Martín Serra. Bruselas: Plurilingua Publishing.

- Vinay, Elizabeth. 2013. *Réaliser votre étude de marché avec succès*. París: Eyrolles.

FUENTES COMPLEMENTARIAS

- Agence France Entrepreneur. Consultado el 7 de julio de 2017. https://www.afecreation.fr/

- Assemblée des chambres françaises de commerce et d'industrie. Consultado el 7 de julio de 2017. http://www.cci.fr/web/creation-d-entreprise/projet-reussite

- "Astuces pour faire l'étude de votre marché", video en Youtube, publicado por "CCI Entreprendre", 20 de enero de 2015, https://www.youtube.com/watch?v=-9jLpOZyjLw

- Brault, David y Michel Sion. 2016. *Réussir son business plan*. París: Dunod.

- Direction générale Statistique. Consultado el 7 de julio de 2017. http://statbel.fgov.be/

- Instituto Nacional de Estadística (INE). Consultado el 7 de julio de 2017. http://www.ine.es/

- INSEE. Consultado el 7 de julio de 2017. http://www.insee.fr/fr/accueil

- Kotler, Philippe. 2015. *Marketing Management*. Montreuil: Pearson éducation.

- Soulez, Sébastien. 2011. *L'essentiel du marketing*. París: Gualino - Lextenso éditions.

50MINUTOS.es
Historia
Economía y empresa
Coaching
Book Review
Salud y bienestar
Arte y literatura
EL DIAGRAMA DE ISHIKAWA
Material   Método   Maquina
Madre Naturaleza   Medida   Hombres
LA GUERRA DE PALESTINA DE 1948
DOMINA EL ARTE DEL NETWORKING
¡APRENDER NUNCA ANTES FUE TAN RÁPIDO!
www.50minutos.es